DU

BAIL A LOYER

(Art. 1736, 1738, 1754, 1758 et 1759 du Code civil)

EXTRAIT DES

USAGES ET RÈGLEMENTS LOCAUX

DE LA VILLE ET DU TERRITOIRE D'AVIGNON

Par V.-E. BENOIT

Président du Tribunal civil d'Avignon

AVIGNON

FRANÇOIS SEGUIN, IMPRIMEUR ÉDITEUR

13, rue Bouquerie, 13

1905

DU

BAIL A LOYER

(Art. 1728, 1738, 1754, 1758 et 1759 du Code civil)

EXTRAIT DES

USAGES ET RÈGLEMENTS LOCAUX

DE LA VILLE ET DU TERRITOIRE D'AVIGNON

Par V.-E. BENOIT
Président du Tribunal civil d'Avignon

AVIGNON

FRANÇOIS SEGUIN, IMPRIMEUR-ÉDITEUR

13, rue Bouquerie, 13

—

1905

DU BAIL A LOYER

(Art. 1736, 1738, 1754, 1758 et 1759 du Code civil)

Usus et consuetudo in locatione praevalent, dit un adage que notre Code civil a complétement sanctionné. C'est surtout dans les contrats de louage que l'application des usages locaux peut présenter des difficultés : à défaut d'écrit, la bonne foi et les usages garantissent seuls l'exécution des engagements pris de part et d'autre. Le délai pour les congés varie d'une étrange façon selon les localités ; il eût été désirable de rendre ces délais uniformes pour toute la France, mais comme ils sont basés sur les habitudes et le commerce des divers pays, comme d'ailleurs on y est fort attaché, le législateur a cru devoir les respecter (1).

Dans la ville d'Avignon, les maisons se louent à tant par an, ainsi que les divers corps de logis, magasins, boutiques et appartements non meublés. Néanmoins, les locations verbales sont de six mois, d'après l'usage et à défaut de conventions écrites. Les appartements meublés ou chambres garnies se louent au mois.

Il n'y a pas d'époque fixe d'entrée en jouissance ou de sortie.

Le locataire est obligé de payer le prix du bail aux termes convenus, dit l'article 1728 : si l'on ne s'est pas expliqué sur l'époque du paiement, on suit alors l'usage local ; or, à Avignon, les loyers se paient d'avance de six mois en six mois, rarement de trois mois en trois mois.

(1) *Rogron,* Code civil expliqué.

La durée du bail verbal est indépendante de l'époque du paiement qui peut varier selon les convenances du locataire et les accords intervenus : le paiement des loyers suivant un mode trimestriel ou mensuel n'empêche pas la location d'être de six mois, d'après l'usage.

Le prix des appartements meublés est également payé d'avance, au commencement du mois à courir.

De plus, il est d'usage chez nous, en matière de location, de donner et d'exiger des *arrhes*. On appelle ainsi une somme modique donnée au propriétaire par le futur locataire à compte du prix de la location et qui établit la conclusion du contrat de louage.

Les Statuts d'Avignon (*Livre I, Rubrique LXVI*) traitent de la précise observation des contrats et s'expriment de la manière suivante :

« Les contrats de louage et autres conventions,
« après que les parties, ou autre personne au
« nom d'icelles, auront donné les arrhes, ou,
« comme l'on dit, le denier à Dieu, seront fermes
« et irrévocables, et lesdites parties seront tenues
« de les observer et accomplir précisément, payer
« le prix, livrer la chose louée et effectuer tout ce
« dont elles auront convenu. »

Les arrhes sont la peine du dédit, qui reste facultatif à chaque partie. Ainsi le futur locataire qui ne se présente plus, soit pour prendre possession des lieux au jour fixé, soit pour compléter le prix de sa location payable d'avance, perd les arrhes qu'il a données. Au contraire, le propriétaire qui ne veut plus louer à la personne dont il a reçu les arrhes, est obligé de les doubler, c'est-à-dire de rendre la somme reçue, plus une somme égale.

Le délai du congé, obligatoire pour le propriétaire comme pour le locataire, est de deux mois avant l'expiration du bail, mais, chose étrange, à Avignon, avant la promulgation du Code civil, le

locataire n'était pas obligé d'avertir le propriétaire ; il pouvait sortir le dernier jour du bail et
mettre les clefs sous la porte, selon une expression
vulgaire, mais énergique. C'était là, autrefois, un
usage aussi illégal que constant et reconnu chez
nous et qui avait sa base dans nos statuts munici-
paux (1) : un pareil usage était aussi contraire à
l'équité qu'à la loi qui veulent que le bail soit un
contrat synallagmatique et produisant des obliga-
tions réciproques.

En effet, l'article 1736 du Code civil impose au
locataire, comme au propriétaire, l'obligation de
donner congé, et la loi ne s'en réfère à l'usage
des lieux que pour la durée, plus ou moins longue,
du délai qui doit exister entre le congé et la
sortie. Il faut donc considérer comme contraire
à la loi et comme abrogé, l'ancien usage qui, à
Avignon, permettait aux locataires de quitter les
lieux, à la fin de la location, sans donner congé (2).

Relativement aux chambres garnies et appartements meublés, la durée du bail est déterminée
par le mode de paiement ; chez nous, le bail est
fait ordinairement pour un mois. Il cesse donc
à la fin de chaque mois ; mais afin d'éviter la
tacite reconduction, l'usage veut que l'on se
donne *réciproquement* congé un mois d'avance,
c'est-à-dire au moment du paiement. Si le locataire quitte avant la fin du mois et qu'il y ait
plus d'une quinzaine d'écoulée, on ne rend rien
sur le terme courant qui a dû être payé d'avance.

En somme les délais pour les congés, à défaut
de conventions spéciales, sont les suivants :

1° Pour les loyers — de chambres ou d'appartements non garnis, — de maisons urbaines, boutiques, magasins, écuries et caves, — pour les
villas ou maisons de campagne, sans tènement de

(1) LIVRE I. RUBRIQUE 50, *Des maisons à louage.*
(2) Consulter sur ce point Dalloz, *Jur. Génér.* V° *Louage,*
n° 677.

terre y attenant, ou avec tènement si faible qu'on ne puisse considérer le loyer de la maison comme fait en vue d'une exploitation agricole, le congé doit être donné deux mois avant l'expiration du semestre en cours.

2° Pour les chambres ou appartements garnis dont le loyer est au mois, l'usage exige un congé ou un avertissement, soit de la part du propriétaire, soit de la part du locataire, donné un mois à l'avance.

Il n'existe, à Avignon, aucun usage permettant aux officiers en activité de service ou aux fonctionnaires de rompre leur bail sans indemnité, en cas de changement de résidence. Mais dans les baux écrits, les parties stipulent souvent qu'en cas de changement de résidence, le trimestre courant sera seulement dû.

Le congé peut être donné verbalement ou par écrit. Le congé verbal peut engendrer de graves inconvénients, en ce sens que si l'une des parties le nie, l'autre ne peut invoquer la preuve testimoniale, même lorsque le loyer annuel n'excède pas 150 francs.

Souvent même, le congé se donne et s'accepte par lettres échangées entre le propriétaire et le locataire ; mais il vaut mieux, lorsqu'une des deux parties accepte à l'amiable le congé qui est donné par l'autre, rédiger un acte sous seing privé en doubles originaux, pour éviter plus tard toute contestation sur la validité du congé.

Il arrive souvent, à Avignon, que le propriétaire se contente de donner congé dans la quittance du loyer payé par anticipation ; nous ne saurions trop détourner d'un semblable moyen, parce qu'aux yeux de la loi un congé de cette nature n'est pas valable comme congé sous seing privé, puisque la preuve de l'existence du congé se trouve entre les mains du locataire et dépend de sa volonté ; car, s'il a intérêt à ne pas déménager, il niera la quittance, paiera une seconde fois son terme et contraindra ainsi le propriétaire à le laisser jouir des lieux jusqu'à la fin du terme suivant.

Notons ici que le locataire, qui trouve que le congé est irrégulier ou donné hors du temps voulu, ne doit pas attendre pour le dénoncer que le terme échoie ; son silence pourrait être interprété contre lui.

Le congé donné contrairement aux délais d'usage n'est pas nul ; il vaut seulement pour l'époque à laquelle il aurait dû être donné régulièrement, c'est-à-dire pour le terme suivant.

Ajoutons qu'il est nécessaire de donner congé, même dans le cas d'un bail écrit, quand, comme cela se pratique souvent, le bail contient des termes auxquels il est loisible au propriétaire ou au locataire de le résoudre après trois, six ou neuf ans. Il est d'usage, en pareil cas, d'indiquer dans l'acte, de combien de temps le congé-avertissement doit précéder la première ou la seconde période. Mais lorsque le bail ne contient pas de clause à cet égard, on suit, pour le congé, le délai de deux mois.

Quant au locataire dont le bail écrit a une durée fixe et unique, il peut, en vertu de l'article 1713 du Code civil, sortir à l'expiration de son bail sans donner congé.

A partir du moment où le locataire a donné ou reçu son congé, il doit laisser mettre l'écriteau et visiter le logement aux personnes qui se présentent pour louer. Ces sortes de visites n'ont guère lieu avant dix heures du matin et après cinq heures du soir, car l'obligation de faire voir les logements ne va pas jusqu'à contraindre le locataire à les laisser visiter trop tôt le matin ou trop tard le soir. Le propriétaire ne peut forcer le locataire à laisser voir les lieux à une époque autre que celle de la signification des congés. Si le locataire s'absente pendant le délai du congé,

l'usage veut qu'il laısse à son représentant ou au propriétaire les clefs des lieux à louer.

Les lieux doivent être rendus en bon état de propreté, balayés et ordures enlevées.

On n'accorde pas de délais pour déménager (1); le jour même de l'expiration du bail, les lieux doivent être vidés et les clefs remises avant la nuit au propriétaire. Si le locataire, pour ses convenances personnelles, a fait faire des clefs, il est tenu de les remettre au propriétaire.

Autrefois cependant, il était d'usage chez nous de demander un délai pour opérer l'enlèvement des meubles (2). Aujourd'hui, le délai pour déménager peut être fixé par le jugement qui ordonne l'expulsion ou qui valide le congé.

Si, à l'expiration du bail écrit, le locataire reste et est laissé en jouissance, il s'opère une nouvelle location aux mêmes conditions et dont la durée est, chez nous, de six mois. C'est ce qu'on appelle *la tacite reconduction.*

Aucun laps de temps fixé par nos usages pour que la tacite reconduction soit considérée comme accomplie : elle s'induit du silence mutuel des parties ; mais il faut que la jouissance ait lieu au vu et au su du propriétaire et non d'une manière furtive, et que l'ensemble des circonstances indique suffisamment le consentement du propriétaire à laisser le locataire en possession. Pour faire cesser le bail, il faut que le propriétaire donne congé au locataire deux mois à l'avance ; sans quoi, tant qu'il n'y aura pas de congé signifié, il s'opérera un nouveau bail qui durera encore six mois, et ainsi de suite.

La contribution des portes et fenêtres est une

(1) Il existe à Paris seulement un délai de grâce concédé au locataire depuis le moment où sa jouissance expire.
(2) Une ordonnance du vice-légat Salviati, en date du 27 mai 1713, avait réglementé ce point qui engendrait de nombreux abus,

charge personnelle du locataire, à moins d'un accord spécial l'en déchargeant. Toutefois, à Avignon, le propriétaire paie l'impôt des portes et fenêtres sans en réclamer le remboursement à son locataire ; cet usage, quoique constant, n'est pas légal. Le propriétaire paie également les droits de déclaration et d'enregistrement pour locations verbales, perçus en vertu des lois du 23 août 1871 et 29 février 1872, mais il s'en fait rembourser par son locataire, lors du paiement du loyer.

Il nous reste maintenant à traiter des réparations locatives. Par ce mot, le Code entend les réparations de menu entretien (1). Elles ont été laissées à la charge du locataire parce qu'elles ne sont ordinairement nécessaires qu'à la suite

(1) Les réparations sont de trois sortes : les grosses réparations, les réparations de gros entretien et les réparations de menu entretien ; ce sont ces dernières qu'on nomme *locatives*.

D'après la loi et d'après l'usage, les réparations *à la charge du propriétaire* sont celles à faire : 1° aux voûtes, aux murs de refend, aux poutres, aux poutrelles, aux lambourdes, aux planchers, aux pans de bois de refend portant planchers, aux escaliers, aux toits et couvertures, aux murs de clôture (ces dispositions sont applicables aux baux à ferme comme aux baux à loyer); — 2° aux manteaux et souches de cheminée ; aux murs, voûtes et planchers des fourneaux potagers ; aux murs, voûtes de dessous et tuyaux de four appartenant à la maison ; — 3° aux aires de plâtre des appartements et des escaliers qui ne sont point carrelés ; — 4° aux marches de pierre cassées par le tassement ou le fléchissement des murs qui les portent ; — 5° aux plates-bandes de pierre, au pourtour des murs, cassées par les charges de plâtre qu'on a mises dessus en enduisant les murs contre lesquels elles sont posées ou par les lambris posés par-dessus à force ; — 6° aux pavés des grandes cours ou écuries ; — 7° aux trottoirs : l'usage est que la commune et le propriétaire concourent à la construction des trottoirs de la manière suivante : la commune fournit les pierres servant de bordure ; le propriétaire est chargé de l'établissement et de l'entretien du trottoir, ce qui comprend la pose de la bordure, la maçonnerie et l'asphaltage (l'article 4 de la loi du 7 juin 1845 consacre cet usage) ; les demandes des pierres de bordure doivent être adressées à la Mairie, avant le mois d'avril, c'est-à-dire avant l'époque où la ville commence

d'actes de négligence, de maladresse ou de mauvais vouloir, soit du locataire lui-même, soit des personnes de son habitation. Quand, au contraire, elles sont occasionnées par vétusté, par cas fortuit ou par force majeure, elles sont à la charge du propriétaire (*Art. 1755*). Il en est de même lorsque la dégradation provient d'un vice de la chose louée.

S'il n'a pas été fait d'état des lieux, le locataire est présumé les avoir reçus *en bon état de réparations locatives* (1), et doit les rendre tels, sauf la preuve contraire (*Art. 1731*).

Les prescriptions du Code à ce sujet (*Art. 1754*) ne sont pas limitatives; il en est d'autres consacrées par l'usage des localités et la jurisprudence. L'usage, à Avignon, met à la charge du locataire les réparations suivantes :

1° Le ramonage annuel des poêles et des cheminées. D'ailleurs un arrêté municipal du 9 septembre 1854, qui a prescrit certaines mesures pour prévenir les incendies, porte :

« *Art. 2.* — Il est enjoint à tous les propriétai-
« res et locataires de faire ramoner, au moins
« une fois par an, les cheminées de leurs maisons
« et tous tuyaux conducteurs de fumée. »

l'exécution des travaux de voirie ; — 8° aux portes, fenêtres, fermetures, volets des appartements, châssis, panneaux de menuiserie, lambris, parquets, vitres (cassées par vétusté ou par force majeure), pavés, carreaux, tuyaux de fer, de plomb ou de grès, treillages, et généralement à tous les objets de maçonnerie, menuiserie, serrurerie, qui ont été brisés, détériorés, endommagés par vétusté, par force majeure, par le vice de la matière ou par un défaut de construction.

(1) Les réparations locatives ne se font qu'à l'expiration de la location; l'acceptation des clefs par le propriétaire à ce moment là fait présumer que le locataire s'est acquitté envers lui de ses engagements. Lorsque la maison a été louée à un seul locataire soit pour l'occuper en totalité, soit pour la sous-louer en partie, ce locataire principal est tenu envers le propriétaire des réparations locatives pour toute la maison, mais il a son recours contre chacun des sous-locataires et exerce les mêmes droits que ceux exercés contre lui par le propriétaire.

2° L'entretien des croissants de cheminée. Il y a lieu également à réparations locatives pour le bris du carrelage et des plaques de fonte qui servent de contre-cœur aux cheminées ;

3° L'entretien des panneaux, battants ou lames de parquets, des cloisons ou lambris d'appartements brisés ou dégradés ; les tâches de graisse, d'huile, d'encre, etc., les brûlures sont à la charge du locataire ;

4° L'entretien des placards ou armoires, de leurs fermetures et étagères, des volets, contre-vents, chambranles des portes, des tables-consoles, des glaces, des vitres, des dorures, sculptures, trumeaux, dessus de portes, encadrements, des papiers, tentures et tapisseries déchirées ou salies (1); le locataire a le droit de garder les morceaux des glaces cassées qu'il remplace ; mais, s'il prouve que la glace a été brisée par l'effet de la boiserie en se déjetant ou du plâtre en se gonflant ou se tassant, il n'est pas tenu de la réparation ;

5° L'entretien des treillis en fil de fer ou en laiton, des rampes des escaliers ou perrons, des tringles de fer des croisées et alcôves, des grilles et balcons auxquels il manquerait quelque pièce ou quelque enroulement aux barreaux ;

6° L'entretien des jalousies et stores des croisées et de leurs cordons ;

7° L'entretien des poulies, seaux, mains de fer, chaîne et corde des puits ; l'entretien des poulies de greniers ;

8° L'entretien de toute la serrurerie des portes, des fenêtres et des armoires, ce qui comprend les gonds, pivots, pentures, targettes, verrous, crochets, pitons, serrures, loquets, tourniquets, clinches, bascules, poignées, supports, espagnolettes, crémones, etc...

---

(1) Il n'y a pas lieu à réparations pour les trous que le locataire a pratiqués dans les murs ou plafonds pour accrocher des tableaux, poser des patères, couronnes de lit, etc. Il n'a fait qu'user de la chose louée.

9º L'entretien des éviers ou des pierres à laver et carreaux des cuisines, brisés, écornés ou détériorés par son fait, et non lorsqu'ils sont simplement ébranlés ou déchaussés ;

10º L'entretien des fourneaux de cuisine, carreaux et grilles des potagers, grille et orifice du tuyau des éviers.

11º L'entretien des piston, tringle et balancier de la pompe ;

12º Le nettoyage des conduits d'écoulement des eaux ménagères ;

13º La réparation des fuites et dégradations survenues à des appareils d'éclairage au gaz, servant personnellement au locataire ;

14º Les cuvettes de sièges d'aisance et autres appareils étant d'un usage quotidien, leur entretien est à la charge du locataire, qui doit réparer les dégradations faites par maladresse ou par violence. Les dégradations provenant de l'usure ou des vices de fabrication sont à la charge du propriétaire, ainsi que celles occasionnées par la rouille ou l'oxyde dans les parties de ces cuvettes où le locataire ne peut accéder ;

15º Les réparations à faire aux vases de fleurs et bancs de jardin, lorsqu'ils sont en faïence, en fonte, en fer ou en bois ;

16º L'entretien des mouvements et fils des sonnettes et sonneries électriques ou non. D'après l'usage, le propriétaire n'est pas tenu de faire poser des sonnettes dans l'intérieur de la maison ou de l'appartement loué ; les sonnettes des portes d'entrée sont seules à sa charge ;

17º L'entretien de l'aire des fours et de la voûte supérieure sont à la charge du locataire ; le propriétaire est tenu d'entretenir les murs du four, la voûte de dessous, le tuyau ou la cheminée ;

18º Relativement aux écuries et remises, les râteliers avec leurs rouleaux, les auges, les piliers et les barres ou planches servant à séparer

les chevaux entre eux, sont entretenus par le
locataire, à moins qu'ils ne soient détruits par
vétusté ou force majeure :

19° Les réparations à faire aux barrières et aux
bornes des cours à voitures.

Lorsque la cour est plantée, les arbres et arbrisseaux doivent être rendus en même nombre et
de même espèce qu'au commencement du bail, et,
s'il en meurt quelques-uns, les locataires doivent
les remplacer.

20' Les locataires sont tenus d'entretenir leurs
robinets ainsi que de réparer les conduits de fer,
plomb ou terre cuite, que la gelée a fait crever
quand les eaux y ont été laissées mal à propos par
eux.

En ce qui concerne l'installation des eaux de la
ville, il importe de noter ici que la ville établit à
ses frais la prise extérieure jusques et y compris
le robinet d'arrêt à l'intérieur de l'immeuble ;
ensuite le propriétaire fait à son gré l'installation
à l'intérieur. La ville entretient les robinets et
tuyaux jusqu'à l'entrée de la maison où se trouve
le robinet d'arrêt, dont la manœuvre incombe à
celui qui occupe l'immeuble. Il est bon de faire
observer que ce robinet d'arrêt doit, par mesure
de précaution, être fermé tous les soirs aux épo-
ques de gelée. Du reste, on consultera avec fruit
le règlement des 6 et 21 septembre 1882 sur les
concessions d'eau, règlement dont la mairie remet
un exemplaire aux intéressés.

La couverture d'une cour est assimilée à la
couverture d'un bâtiment ; d'où il résulte que les
frais de confection et d'entretien de cette couverture incombent au propriétaire. Ce dernier agira
donc sagement en faisant établir un treillage au-
dessus de la couverture, si elle est en vitrage.
Toutefois, s'il existe dans cette couverture un ou
plusieurs châssis ouvrants, ces châssis sont assi-
milés aux croisées, et, dès lors, le locataire du sol
de la cour reste chargé des réparations locatives
dont ils seraient susceptibles.

Tous les locataires d'une même maison ont droit
à l'usage de la cour de cette maison, comme ils
ont droit à l'usage des lieux d'aisance, des cor-
ridors et escaliers, à moins que le propriétaire n'ait
stipulé formellement que la cour serait à l'usage
exclusif de tel locataire.

En effet, par sa destination naturelle, une cour
sert à éclairer les appartements, à scier et à fen-
dre le bois, à puiser de l'eau, à effectuer des
lavages et nettoyages momentanés, à carder tem-
porairement les matelas, à faire accidentellement
des emballages et des déballages, à secouer les
habits, torchons et tapis d'appartements. De plus,
si la cour est accessible aux voitures, elle sert au
service des écuries et des remises, c'est-à-dire au
pansement des chevaux, au nettoyage des voitures
et harnais, à l'approvisionnement des fourrages et
à l'enlèvement des fumiers.

Mais lorsque le sol de la cour est loué particu-
lièrement à un locataire, un usage constant et
reconnu partout veut que les autres locataires
aient toujours le droit de secouer, par les fenêtres,
sur la cour, les habits, torchons et tapis d'appartements, surtout en présence des règlements de
police défendant de faire ces nettoyages sur la rue.

Que la cour soit affectée à une industrie et louée
comme telle, ou qu'elle soit commune à tous les
locataires, cette cour doit être tenue en bon état
de propreté, et les locataires qui ne jouissent pas
du sol sont fondés à l'exiger. En conséquence, on
ne doit y faire aucun dépôt permanent ou y jeter
aucuns objets autres que les menues ordures et la
poussière provenant des tapis ; les eaux ménagères sont versées dans les cuvettes et réceptacles
disposés à cet effet et ne doivent arriver dans la
cour que par les tuyaux de descente.

Le locataire d'un jardin doit, à la fin de sa location, laisser les arbres qu'il y a plantés. Le propriétaire doit lui en payer la valeur, à moins qu'il
ne préfère l'autoriser à les enlever. Quant aux

plantes, arbrisseaux et arbustes mis par le locataire, celui-ci peut les enlever à la fin de sa location, à moins que ces arbustes ne remplacent d'autres qui existaient lors de son entrée en jouissance.

Lorsqu'un jardin dépend d'une maison ou d'un appartement, le locataire est tenu d'entretenir en bon état les allées sablées, les parterres, les plates-bandes, les bordures et les gazons.

Les arbres et arbustes doivent être rendus en même quantité et en même espèce qu'ils étaient lors de l'entrée en jouissance.

Le locataire qui a fait exécuter, en vue de sa commodité personnelle, des réparations, aménagements et améliorations qui n'étaient pas nécessaires n'est pas fondé, à sa sortie, d'en réclamer la valeur au propriétaire.

Le locataire a seulement le droit d'enlever à sa sortie ce qui peut être enlevé sans dégradations et en rétablissant les lieux dans leur état primitif.

Il n'est pas autorisé à dégrader les peintures qu'il aurait fait exécuter, ni à arracher ou gratter les papiers posés à ses frais.

Si le locataire détériorait les peintures ou les papiers, il serait tenu d'en indemniser le propriétaire, car il commettrait, sans motif plausible, une pure vexation et un abus préjudiciable. *Malitiis non indulgendum* : ce principe de morale est aussi une règle de droit.

A Avignon, les locataires sont obligés de loger les militaires de passage, quand les casernes ne suffisent pas. De plus, ils sont tenus de satisfaire aux charges de police et de ville, comme par exemple le balayage et l'arrosage du devant de la maison, lesquels sont spécialement à la charge du locataire du rez-de-chaussée. D'ailleurs, chaque année un arrêté municipal oblige tous les habitants et locataires à balayer et à laver, matin et soir, la partie de la voie publique au-devant de

leurs maisons, magasins, jardins et autres empla-
cements, jusqu'au milieu de la chaussée (1).

Dans les rues où existent des bouches d'eau, les
habitants peuvent se servir, pour ce lavage, de
l'eau débitée par ces bouches, mais seulement
après nettoyage à fond du ruisseau, et sous condi-
tion de ne pas éclabousser les passants et de ne
pas gêner la circulation.

(1) Arrêté municipal du 17 août 1889.

www.ingramcontent.com/pod-product-compliance
Lightning Source LLC
Chambersburg PA
CBHW050402210326
41520CB00020B/6419